AF377651

# SAMUEL DE CHAMPLAIN

La exploración de Nueva Francia
y los orígenes de Quebec

Por Aurélie Detavernier
En colaboración con Damien Glad
Traducido por Laura Soler Pinson

# SAMUEL DE CHAMPLAIN

- **¿Nacimiento?** Entre 1574 y 1580 en Brouage (Francia).
- **¿Muerte?** El 25 de diciembre de 1635 en Quebec (Canadá).
- **¿Objetivos de la expedición?**
  - Explorar y cartografiar los territorios y los ríos de Nueva Francia.
  - Establecer una factoría.
  - Identificar una ruta marítima que lleve a Asia.
- **¿Regiones del mundo exploradas?**
  - Las Antillas.
  - El golfo de México.
  - Nueva Francia.
- **¿Principales aportaciones?**
  - La fundación de la ciudad de Quebec.
  - El descubrimiento del lago Champlain.

A partir del siglo XV, los reinos europeos se lanzan en una frenética carrera de exploraciones por todo el mundo para expandir su poder en nuevos territorios. Mediante estas grandes navegaciones, se amplían los límites del mundo conocido y se cartografía la Tierra de una forma mucho más precisa. Sin embargo, el objetivo principal de estos viajes sigue siendo todavía el de descubrir rutas marítimas que faciliten el comercio con Asia, mientras se explotan las riquezas de las tierras conquistadas.

Los portugueses y los españoles son los primeros en iniciar su aventura y eligen concentrarse principalmente en África, Centroamérica y Sudamérica. Inglaterra y Francia, que no aceptan este nuevo reparto del mundo oficializado por el papa Alejandro VI (1431-1503) y la bula *Inter Caetera* (1493), deciden imponerse en el norte del continente americano, financiando una gran cantidad de misiones de exploración.

En este contexto, se desarrolla el primer viaje de Samuel de Champlain a Norteamérica, cerca de 70 años después de la expedición liderada por Jacques Cartier (navegante francés, 1491-1557). Las motivaciones iniciales siguen siendo las mismas: descubrir una ruta marítima que lleve a Asia, explotar las riquezas de los territorios conquistados y establecer una colonia. Hasta su muerte en 1635, Samuel de Champlain efectuará

12 viajes a Norteamérica. Pero sobre todo ha pasado a la posteridad porque se encuentra en el origen de la fundación de la ciudad de Quebec, en 1608. De hecho, su perseverancia a la hora de establecer una colonia francesa en Canadá le valdrá el apodo de «padre de Nueva Francia».

### NUEVA FRANCIA

Con Nueva Francia, se designa al conjunto de posesiones francesas en Norteamérica. En su apogeo, el territorio estaba conformado por 5 colonias: Canadá, Acadia, Luisiana, Terranova y la bahía de Hudson. En 1763, estas posesiones pasan a manos de los ingleses, que salen triunfantes de la guerra de los Siete Años en la que se enfrentan a Francia de 1756 a 1763.

# BIOGRAFÍA

Retrato de Samuel de Champlain.

## UNOS PRIMEROS AÑOS RODEADOS DE MISTERIOS

Samuel de Champlain habría nacido en Brouage, en la antigua provincia francesa de Saintonge (departamento de Charente Maritime), entre 1574 y 1580. El enigma que rodea a su fecha de nacimiento se debe a que los registros parroquiales de Brouage anteriores a 1690 desaparecen en un incendio. No obstante, su contrato de matrimonio nos informa de su origen familiar: es el hijo de Marguerite Le Roy y de Antoine de Champlain, capitán de la marina.

Además de su profesión de navegante, Samuel de Champlain también es dibujante, geógrafo, cartógrafo y cronista. Es el autor de varias obras que nos informan acerca de su vida y de sus exploraciones, con lo que desvela una parte del misterio que rodeaba a su carrera antes de Canadá. De 1595 a 1598, habría servido en el ejército del rey de Francia, Enrique IV (1553-1610), durante la octava guerra de religión (1585-1598), en la que obtiene el rango de sargento mayor de las tropas montadas. Más adelante, de 1599 a 1601, participa en exploraciones en las Antillas y en el golfo de México.

## LA AVENTURA NORTEAMERICANA

Pero su aventura norteamericana no despega realmente hasta 1603, cuando embarca como simple observador a bordo de La Bonne Renommée, en Honfleur (noroeste de Francia). Ese mismo año, el comendador Aymar de Chaste (fallecido en 1603), que posee el monopolio del comercio de las pieles de Nueva Francia, lo invita a que acompañe a François Gravé Du Pont (comerciante francés, 1560-1629), enviado a Canadá para desarrollar el comercio de pieles. El sistema del monopolio asocia a la figura del rey, que posee la autoridad, con una compañía comercial, que proporciona los hombres y el dinero necesarios para el descubrimiento y la conquista de nuevos territorios para sacar ganancias comerciales.

Samuel de Champlain, que busca hacerse valer ante el rey, le promete a este un informe detallado de la expedición. Así, cuando regresa a Francia, el 20 de septiembre de 1603, publica un relato pormenorizado de su viaje, adornado con dibujos y mapas del río San Lorenzo. Un año más tarde, embarca a bordo de una segunda expedición a las órdenes de Pierre Dugua de Mons (c. 1560-1628), teniente general de Nueva Francia. Durante esta misión, cartografía las costas de Acadia, pero la expedición se interrumpe en 1607 por la anulación del monopolio del comercio de las pieles de Dugua de Mons, lo que obliga a la tripulación a regresar a Francia.

## LA COLONIZACIÓN DE NUEVA FRANCIA

En 1608, Samuel de Champlain vuelve a Nueva Francia como teniente de la expedición, con la misión de preparar la creación de una colonia a orillas del río San Lorenzo. Entonces, Samuel de Champlain funda «la habitación» de Quebec, que consiste en un conjunto de edificios unidos entre sí.

| Pintura que ilustra la construcción de la «habitación» de Quebec, del autor Charles William Jefferys.

Cuando regresa a Francia en 1610, se casa con Hélène Boullé (1598-1654), que entonces tiene 12 años. Debido a la juventud de esta, se estipula que habrá que esperar 2 años para consumar el matrimonio, pero Samuel de Champlain obtiene al menos 4500 libras de la dote de su mujer, cuyo total asciende a 6000 libras, una cantidad importante para la época que le garantiza una seguridad económica. En 1612, recibe el prestigioso rango de teniente del virrey en Nueva Francia y participa en su última expedición, que se desarrolla en Huronia (territorio ocupado por el pueblo hurón-wendat, que se sitúa en Ontario) en 1615.

Después, se dedica en cuerpo y alma al desarrollo y a la mejora de su colonia. A pesar de las dificultades que tiene que afrontar, Samuel de Champlain defiende incansable la población de Nueva Francia. Pero tras un nuevo conflicto contra Inglaterra, Quebec cae en 1629. Aun así, Samuel de Champlain logra obtener la restitución de la colonia en 1632. Un año más tarde, vuelve por última vez a Quebec, donde fallece el 25 de diciembre de 1635 sin descendencia.

# CONTEXTO

## VANAS EXPEDICIONES

A partir del siglo XV y hasta el siglo XVIII, 4 grandes naciones europeas —entre las que se encuentra Francia— se lanzan en una política de expansión territorial y de colonización a escala mundial para aumentar su riqueza e imponer su poder en territorios que están repartidos de forma ideal por todo el globo en función de los recursos locales (pieles, metales, marfiles, especias, etc.).

Cuando Enrique IV sube al trono de Francia en 1589, el país es presa de las guerras de religión que enfrentan a protestantes y a católicos. El soberano dedica los 10 primeros años de su reinado a restablecer la paz en su reino. Estos conflictos, que se inician en 1562, no acaban hasta 1598, cuando el rey de Francia promulga el Edicto de Nantes (declaración de tolerancia que estipula que la religión del rey no se impone de forma oficial a sus vasallos). Así, las guerras de religión frenan las expediciones francesas hacia América y, cuando Enrique IV toma la corona, todos los intentos de colonizar Canadá han fracasado.



## EL REY Y LA POLÍTICA COLONIAL

El rey se convierte en un actor importante de la política colonial al final de la guerra civil y del conflicto con España en 1598. Al contrario que sus predecesores, Enrique IV muestra una voluntad real de implantarse en Nueva Francia. Por lo tanto, a pesar de las dificultades que experimenta, intenta conservar los establecimientos por todos los medios. Sin embargo, en origen, Nueva Francia no era un asentamiento: se trataba de un proyecto personal del rey vinculado a empresas comerciales privadas que no le costaban nada, pero a las que daba una garantía financiera otorgándoles un monopolio. Por lo tanto, este proyecto no está relacionado con la actuación pública del Gobierno. De hecho, el superintendente de Hacienda, Maximiliano de Bethune (1559-1641), no gasta nada de dinero para la empresa colonial en Nueva Francia.

Para que una empresa de este calibre triunfe, se requiere la unión de varios factores: un objetivo político, un dominio técnico, una financiación y una buena inspección del lugar. Si falla uno de estos puntos, la iniciativa podría resultar incierta. No obstante, desde el siglo XVI, existen verdaderas políticas coloniales, datos geográficos precisos, hombres de terreno experimentados y empresas económicas estables. En efecto, en esa época, Occidente vive numerosos avances técnicos y científicos. De hecho, las exploraciones que llevan a cabo las grandes naciones europeas permiten una precisión mayor de los planos. Es información muy valiosa para los navegantes que, hasta ahora, dirigían sus barcos estimando su velocidad y su rumbo. También mejoran las embarcaciones, pasando a ser más ligeras —y, por lo tanto, más maniobrables— para poder efectuar travesías largas. Pero en Francia, solo se reunirán todas estas condiciones en el siglo XVII para que se culmine con éxito una instalación de este tipo.

## UN MERCADO DE LA PIEL FLORECIENTE

Los mercados de la piel franceses y europeos marcarán el destino de la colonia francesa en Canadá. En efecto, la aparición en Francia de una demanda de peleterías (preparación y comercio de pieles) norteamericanas a finales de los años 1570 es la excusa para iniciar varias exploraciones coloniales. Empezar un comercio en Canadá esti- mularía la oferta de peleterías amerindia y am- pliaría las salidas a los mercados del mar Báltico. Una vez que se reúnen estas mercancías en las distintas ciudades portuarias de Francia, son reenviadas hacia el mercado francés o hacia los diversos mercados europeos, según la demanda y el valor de los precios. De hecho, el cardenal Richelieu (prelado y hombre de Estado francés, 1585-1642) desempeña un papel innovador en el desarrollo de la Marina francesa en Canadá. Consciente de la importancia del comercio marítimo con las colonias, favorece la creación de factorías comerciales en las Antillas y en Canadá ya desde el inicio de su ministerio.

Así, la expedición en la que se dispone a participar Samuel de Champlain reúne las cuatro condiciones anteriormente citadas, es decir, la voluntad política de Enrique IV, las habilidades técnicas y el conocimiento del lugar asumidos por Samuel de Champlain y la vertiente económica del proyecto, que reposa sobre el comercio de las pieles. Aunque las prioridades del explorador son el descubrimiento y la cartografía, el contexto económico representado por las peleterías es un aspecto importante del funcionamiento de la colonia, ya sea como moneda de cambio o como objeto de alianza.

# LAS EXPEDICIONES

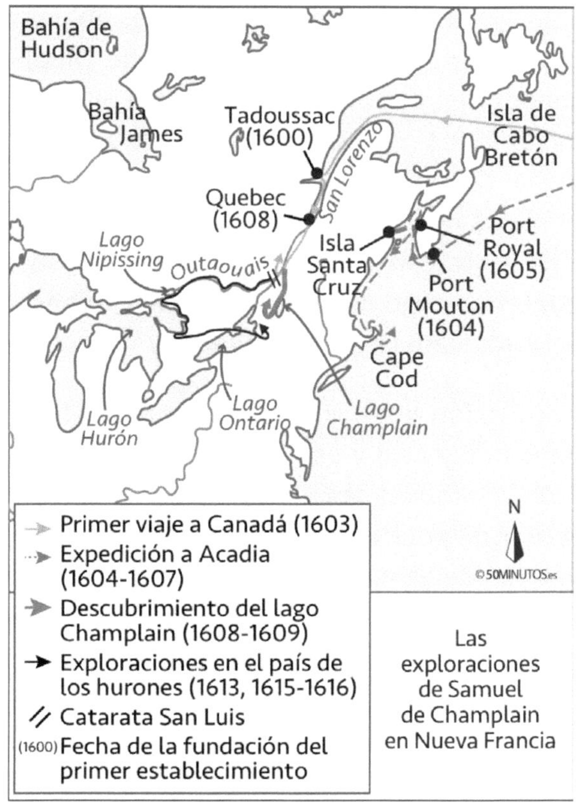

# PRIMER VIAJE A CANADÁ (1603)

En 1603, Samuel de Champlain participa en el viaje de François Gravé Du Pont a Canadá como simple observador. Esta expedición, financiada por Aymar de Chaste, gobernador de Dieppe y poseedor del monopolio comercial en Nueva Francia, tiene como objetivo establecer una factoría comercial de pieles en ese territorio. Para ello, salen tres barcos de Honfleur el 15 de marzo y atracan el 26 de mayo en Tadoussac (actual municipio de la provincia de Quebec), en la desembocadura del río Saguenay.

La tripulación llega al lugar durante las *tabagie* (fiestas indígenas) y es acogida por el jefe *montagnais* —«montañés»— Anadabijou y por un centenar de guerreros amerindios. Para ellos, es la ocasión de asistir a danzas desnudas y a carreras de velocidad, y de participar en el ritual de la pipa de la paz, que consiste en aspirar bocanadas de humo de tabaco. Durante este encuentro, Samuel de Champlain puede observar a placer las costumbres de las poblaciones locales. Las fiestas se terminan y la tripulación vuelve a bordo del barco el 18 de junio para seguir los pasos de

Jacques Cartier por el río San Lorenzo.

Aunque Samuel de Champlain no descubre nada, entabla una buena relación con los indígenas y elabora mapas de los lugares visitados. En efecto, este viaje permite obtener una descripción más detallada del río San Lorenzo que la que había proporcionado Jacques Cartier unas décadas antes. Así, remonta el río hasta el Grand Sault Saint-Louis, la «catarata San Luis» (los rápidos de Lachine), donde no puede avanzar más. Gracias a la información que le facilita la población local, puede reproducir con detalle la configuración de los Grandes Lagos y la de la bahía de Hudson, pero sigue estando convencido de que el mar de Asia está cerca. Vuelve a Francia el 20 de septiembre, donde el navegante presenta un informe de la expedición al rey Enrique IV y publica sus observaciones con el título *En lo referente a los salvajes, o, el viaje de Samuel Champlain, desde Brouage, hecho en Nueva Francia en 1603.*

| Pintura que muestra la llegada de Champlain a Canadá.

# EXPEDICIÓN A ACADIA (1604-1607)

Al año siguiente, Samuel de Champlain participa en una expedición liderada por Pierre Dugua de Mons, nombrado teniente general de Nueva Francia tras la muerte de Aymar de Chaste, y pilotada por François Gravé Du Pont. Pierre Dugua de Mons tiene el monopolio del comercio de la piel y, con arreglo a ello, tiene que crear un establecimiento francés en Nueva Francia. Para su expedición prevista para marzo de 1604, obtiene dos embarcaciones, contrata a 120 hombres y es respaldado por una compañía cuyo capital asciende a 90 000 libras tornesas. De nuevo, Enrique IV encarga a Samuel de Champlain que elabore un informe de sus descubrimientos, pero al rey también le interesan las minas de metales preciosos que podría haber en la costa acadiana.

En mayo, las embarcaciones llegan a Port Mouton, en la costa este de Acadia. En ese momento, Pierre Dugua de Mons pide a Samuel de Champlain que defina un emplazamiento para establecer una colonia. Este último parte en misión de exploración durante 3 semanas con el objetivo de buscar un lugar propicio para un establecimiento de esas características, pero también con el objetivo de buscar minas y un lugar seguro para los barcos en la bahía de Santa María. Al final, escoge la isla Santa Cruz, situada cerca de la costa acadiana, para instalar a la tripulación. Desgraciadamente, el invierno es duro y muchos marineros mueren de escorbuto.

En primavera, abandonan la colonia por una región que reúna mejores condiciones. La compañía se muda temporalmente a Port Royal, donde Samuel de Champlain se entrega a la jardinería y se construye un despacho en los árboles.



En la primavera de 1605, Samuel de Champlain

retoma sus exploraciones con el objetivo de descubrir minas y de encontrar el emplazamiento ideal para una colonia. Sus búsquedas son en vano, pero cartografía de manera precisa el litoral del Atlántico, desde Cabo Bretón hasta el sur del Cabo Blanco (actual Cape Cod, en Massachusetts). En el invierno de 1606, Samuel de Champlain funda una orden, la de Bon Temps (literalmente, del «Buen Rato»), una caballería de la alegría en la que cada uno debe cazar cuando es su turno y mantener viva la felicidad. De hecho, el vino y la comida abundan mientras las temperaturas son moderadas para la estación. Pero en mayo de 1607, Pierre Dugua de Mons es informado de que se ha anulado su monopolio y de que debe regresar a Francia.

## LA HABITACIÓN DE QUEBEC (1608-1609)

Samuel de Champlain no se queda en Francia durante mucho tiempo y vuelve a partir por tercera vez el 18 de abril de 1608. Esta vez, el viaje es diferente, ya que recibe una primera función oficial al convertirse en el teniente de Pierre Dugua de Mons, que se queda en Francia. El objetivo de esta misión es establecer una colonia francesa permanente en un lugar favorable a orillas del río San Lorenzo. Samuel de Champlain y sus obreros atracan en Tadoussac el 3 de junio y llegan en barca a la pointe de Québec, «punta de Quebec», el 3 de julio. Allí deciden construir una instalación («la habitación» de Quebec) compuesta por 3 edificios principales de 2 plantas, rodeados por un foso de 4,6 metros de ancho y por un recinto de estacas: acaba de nacer la primera colonia francesa al lado del río San Lorenzo.

Unos días más tarde, Samuel de Champlain escapa a un complot liderado por varios colonos y por contrabandistas vascos descontentos con su llegada. No obstante, los amotinados son arrestados y ejecutados. Los 25 hombres que pueblan la colonia también tienen que enfrentarse a un invierno severo y a los estragos del escorbuto. Solo sobreviven 9 invernantes, entre los que se encuentra Samuel de Champlain.

Cuando llega la primavera, decide entablar contactos con los amerindios de los alrededores. Incluso firma una alianza con los algonquinos, los hurones y los montañeses, y accede a ayudarlos en su guerra contra los iroqueses. El 28 de junio, se pone en camino para descubrir la región de los iroqueses, la parte suroeste de río San Lorenzo, acompañado por guías indígenas. Durante la expedición, cruza el río de los iroqueses (actualmente, el Richelieu) y los rápidos de Chambly, y descubre un gran lago que bautiza con su nombre el 14 de julio de 1609.

La noche del 29 de julio, Samuel de Champlain y su equipo se encuentran con un grupo de iroqueses en Ticonderoga (actual Crown Point, estado de Nueva York): se fija el enfrentamiento entre las distintas tribus amerindias para el día siguiente. Gracias a su superioridad técnica, Samuel de Champlain gana la batalla tras haber matado a 2 jefes iroqueses con su arcabuz. Este acontecimiento provoca una hostilidad feroz de los iroqueses hacia los colonos franceses. Tras esta victoria, Samuel de Champlain vuelve a Francia para presentar un informe al rey y a Pierre Dugua de Mons.

| Grabado que muestra la derrota de los iroqueses en el lago Champlain en 1609.

Aunque este último no logra que se renueve su privilegio del comercio de las pieles, sí que consigue convencer a algunos comerciantes de Ruan para formar una sociedad con él y con Samuel de Champlain. Estos aceptan respaldar la colonia a condición de que una parte de la «habitación» de Quebec sirva como almacén exclusivo para el comercio.

## IDAS Y VUELTAS ENTRE FRANCIA Y QUEBEC (1610-1612)

El 8 de abril de 1610, Samuel de Champlain vuelve a Quebec, donde sus aliados amerindios lo esperan para llevar a cabo una nueva incursión contra los iroqueses en la desembocadura del río Richelieu. Lidera el ataque y gana la batalla a pesar de que una flecha le atraviesa el lóbulo de la oreja y lo hiere en el cuello. Samuel de Champlain vuelve triunfante a Quebec, donde se entera del asesinato del rey Enrique IV y constata que el comercio es ruinoso para los comerciantes. Entonces, decide regresar a Francia.

Vuelve a hacerse a la mar el 1 de mayo de 1611 y llega a Quebec 20 días más tarde. Durante el verano, Samuel de Champlain busca un lugar más favorable para establecer una colonia, dado que la habitación de Quebec ya solo alberga un hangar de pieles. Por lo tanto, llega a Montreal, al pie de la catarata San Luis, y ordena que se desbroce la tierra y se construya un pequeño muro para ver si resistirá al invierno. Por el camino, observa una isla donde podría construirse una ciudad; la llama la isla Santa Elena, en honor a su mujer.

Para aumentar su prestigio ante sus aliados indígenas, lleva a cabo una proeza al cruzar con ellos en canoa la catarata San Luis. Solo un europeo consigue efectuar esta hazaña antes que él, Étienne Brulé (aventurero francés, 1592-1633).

Dado que los proyectos de Samuel de Champlain para Montreal todavía no se han materializado, vuelve a Quebec antes de regresar a Francia en el otoño de 1611, para buscar ayuda con la que desarrollar su colonia.

En efecto, como ha perdido el apoyo de sus asociados de Ruan, redacta varios informes, dibuja un mapa de Nueva Francia (primer mapa conservado) y pide al rey de Francia Luis XIII (1601-1643) que intervenga a su favor. Tras ello, el 8 de octubre de 1612, el rey nombra a Carlos de Borbón, conde de Soissons (1566-1612), teniente general de Nueva Francia. Este último elige a Samuel de Champlain como teniente para continuar con la empresa quebequesa. Con este título, obtiene el poder de nombrar capitanes y tenientes, de acreditar a oficiales para la administración de la justicia y el mantenimiento de la policía, de escribir reglamentos y ordenanzas, de establecer tratados, de iniciar guerras con los indígenas y de retener a los comerciantes que no forman parte de la sociedad. A Samuel de Champlain también se le encarga la misión de encontrar la vía marítima más rápida que lleve a China y a las Indias, y de descubrir y explotar minas de metales preciosos. Aunque Carlos de Borbón muere poco después, su sustituto, Enrique de Borbón (1588-1646), virrey de Nueva Francia, confirma las funciones del explorador.

## EXPLORACIONES EN LA REGIÓN DE LOS HURONES (1613, 1615-1616)

En mayo de 1613, Samuel de Champlain vuelve a irse a Canadá. Pero esta vez se dirige hacia el oeste para explorar la región de los hurones, acompañado por un guía indígena y por 4 hombres. Gracias a su viaje, se convierte en el primer europeo que describe el río Outaouais (Ottawa), que se convertirá en la ruta comercial principal del oeste canadiense durante 2 siglos. Desea seguir su exploración hacia el lago Nipissing, pero el jefe de una tribu algonquina que se encuentra en la Isle-aux-Allumettes, Tessouat (fallecido en 1636), lo disuade de seguir río arriba si quiere conservar a los algonquinos como intermediarios entre los franceses y el resto de tribus amerindias. Entonces, vuelve a Quebec antes de dirigirse a Francia, en septiembre de 1613, para reclutar a colonos y a misioneros recoletos (religiosos reformados en la orden de san Agustín o de san Francisco) para promover la religión en su colonia.

Efectúa su último gran viaje de exploración hacia el oeste en 1615. Junto con algunos compañeros franceses e indígenas, remonta el río Outaouais, descubre el lago Nipissing y el lago Hurón, y cruza la parte oriental del lago Ontario. Durante una nueva batalla contra los iroqueses, Samuel de Champlain, herido por una flecha en la rodilla, no tiene más remedio que pasar el invierno con los hurones, periodo durante el que redacta una descripción detallada del comportamiento, de los usos y de las costumbres de sus aliados indígenas. A continuación, vuelve a Quebec el 11 de julio de 1616, antes de embarcarse para Francia.

## LA ADMINISTRACIÓN DE LA COLONIA (1620-1635)

En 1619, el príncipe de Condé vende sus derechos de virrey de Nueva Francia al duque Enrique II de Montmorency (1595-1632), almirante de Francia, que confirma las funciones de Samuel de Champlain. Un año más tarde, el rey Luis XIII le pide que mantenga la colonia de Nueva Francia y que se encargue de ella. Así, a partir de ese año y hasta su muerte en 1635, Samuel de Champlain se concentra en el desarrollo, la mejora y el crecimiento de su establecimiento, más que en la exploración.

En 1627, el cardenal Richelieu crea la Compañía de la Nueva Francia, llamada también la Compañía de los Cien Asociados por su número de accionistas, y le asigna el monopolio del comercio de las pieles si se compromete a poblar la colonia con franceses católicos, a defender el territorio y a evangelizar a los indígenas. Samuel de Champlain entra como miembro de la compañía e incluso se convierte en comandante de Nueva Francia en ausencia del cardenal Richelieu. Pero una guerra contra los ingleses pone Quebec al borde de la hambruna tras un embargo de la ciudad. El 19 de julio de 1629, la colonia cae en manos de Inglaterra, pero Samuel de Champlain va a Londres para recuperarla. Acaba por obtener su restitución gracias al Tratado de Saint Germain-en-Laye, el 29 de marzo de 1632. Vuelve por última vez a Quebec en 1633 y allí muere 2 años más tarde, el día de Navidad.

# REPERCUSIONES

A través de la colonización del continente norteamericano, el reino de Francia espera entre otras cosas descubrir el camino que lleva a Asia y explotar minas de metales preciosos. Pero las expediciones de Samuel de Champlain en Nueva Francia no alcanzan estos objetivos, al igual que las de Jacques Cartier antes que él. Sin embargo, tiene el mérito de haber permitido el avance considerable de la colonización de Canadá estableciendo y manteniendo una presencia francesa duradera en el continente, cuando ni Jacques Cartier, ni Jean-François de Larocque de Roberval (colonizador francés, 1500-1560) lo habían logrado. Además, asegura el control de los franceses sobre las distintas tribus amerindias con su buena relación con los indígenas, a la vez que crea una gran red de comercio de pieles.

## ¿Sabías que...?

En 1540, Jean-François de Larocque de Roberval, un noble protestante, recibe el encargo del rey de Francia, Francisco I (1494-1547) de dirigir la tercera y última expedición de Jacques Cartier en Nueva Francia con el rango de teniente general de Canadá. Su intento de colonización en Quebec fracasa a causa de un invierno muy duro, de la hambruna, del escorbuto y de discrepancias en la propia colonia. Jean-François de Roberval cree que ha encontrado metales preciosos en suelo canadiense, pero cuando regresa a Francia en 1544, se descubre que se trata de pirita de hierro. Arruinado y humillado, es asesinado por unos católicos a la salida de una reunión calvinista en 1560.

Aunque cuando muere Samuel de Champlain la colonia solo está compuesta por 150 personas, lo cierto es que la ciudad de Quebec es la capital de Nueva Francia. A partir de 1663, las posesiones francesas en Norteamérica están directamente gestionadas por el gobierno real y el dominio de Nueva Francia se convierte en un auténtico asentamiento gracias al envío de colonos. No obstante, Francia no logra poblar por completo estas tierras debido a la inmensidad de territorio. En efecto, en 1763, Nueva Francia es una de las colonias europeas en Norteamérica más grandes. Además, al principio, la población francesa muestra bastantes reticencias a la hora de instalarse allí, y el llamamiento a voluntarios tampoco obtiene mucho éxito. Esta falta de entusiasmo puede entenderse de primeras por el clima severo y por la falta de seguridad de un posible enriquecimiento. Por consiguiente, el Gobierno decide enviar a labradores solteros en busca de tierras y a los estafadores de sal para poblar el territorio. También se instaura en 1663 una política para animar a la nupcialidad y la natalidad, que garantice el poblamiento natural de la colonia. Durante alrededor de 10 años, 770 «hijas del rey» (huérfanas o chicas de condición modesta) son dotadas y enviadas a Nueva Francia para casarse y fundar un hogar. Hacia 1672, es decir, cerca de 30 años después de la muerte de Samuel de Champlain, la colonia francesa tiene unos 6700 habitantes.

Por lo tanto, Nueva Francia en seguida presenta atractivos para Inglaterra. Esta codicia su vasto territorio y anhela el monopolio del comercio de pieles, sobre todo porque el imperio colonial francés se debilita a partir de la guerra de Sucesión en

España (1701-1714), cuando Francia cede Acadia, la bahía de Hudson y Terranova a los ingleses en 1713. El golpe de gracia llega en 1756, con la guerra de los Siete Años, que enfrenta a Francia y a Inglaterra. El conflicto acaba con el Tratado de París en 1763, que entrega Canadá y la India al Imperio británico, con lo que Francia pierde la mayor parte de sus territorios coloniales.

No obstante, la presencia francesa en Canadá todavía se puede sentir en la actualidad, gracias a que se ha conservado la lengua de Molière. Además, Samuel de Champlain se encuentra en el origen de una colonia que, de 150 habitantes en 1635, se desarrolla hasta el punto de albergar a más de 7 millones de personas a principios del siglo XXI.

### ¿Sabías que...?

Existen 7 estatuas de Samuel de Champlain en el continente norteamericano. Están situadas en 3 provincias canadienses y en 1 estado estadounidense y casi todas fueron inauguradas con la celebración del 300.º aniversario de las exploraciones del navegante.

| Estatua de Samuel de Champlain en Quebec.

# EN RESUMEN

**1574-1580**
Nacimiento de Champlain

**1603**
Primer viaje a Nueva Francia

**1604-1607**
Segundo viaje a Nueva Francia

1608
**Fundación de la habitación de Quebec**

1609
*14 jul.*: **descubrimiento del lago Champlain**

**1613-1616**
Expediciones a las regiones de los hurones

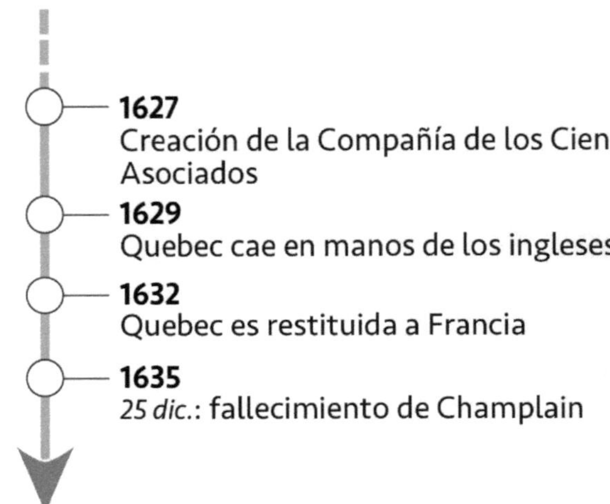





- A partir del siglo XV, los reinos europeos se lanzan en una carrera desenfrenada de exploraciones a través del mundo para expandir su poder a nuevos territorios.

- Francia e Inglaterra, deseosas de no quedarse en un segundo plano frente a Portugal y a España, cuyos imperios coloniales se extienden cada vez más, inician el asalto del continente americano.

- Samuel de Champlain, navegante, cronista y cartógrafo francés, efectúa su primer viaje a Nueva Francia en 1603 como simple observador. No descubre nada, pero cartografía de forma muy precisa el río San Lorenzo y publica el informe de su expedición.

- En 1604, durante su segunda exploración en Nueva Francia como observador, cartografía de manera muy detallada el litoral del Atlántico, de Cabo Bretón hasta el sur del Cabo Blanco.
- Su primera función oficial es la de teniente de Pierre Dugua de Mons durante una tercera expedición a Nueva Francia. El objetivo de esta misión es crear un asentamiento francés a orillas del río San Lorenzo. Así, se funda «la habitación» de Quebec el 3 de julio de 1608.
- Durante su expedición en tierras iroquesas, Samuel de Champlain descubre un gran lago que bautiza con su nombre el 15 de julio de 1609.
- En 1612, es nombrado teniente de Carlos de Borbón, que a su vez es teniente general de Nueva Francia. Cuando este muere, es mantenido en su puesto de teniente del príncipe de Condé, que pasa a ser virrey de Nueva Francia. Este título le otorga poderes importantes para la instalación de una colonia. También se le encarga que encuentre la ruta marítima más rápida que lleve hasta China y las Indias, y que descubra y explote minas de metales

preciosos.

- De 1613 a 1616, Samuel de Champlain efectúa dos expediciones hacia el oeste de Canadá explorando la región de los hurones. Es el primer europeo que describe el río de los outaouais, que se convertirá en la ruta comercial principal del oeste canadiense durante 2 siglos.

- A partir de 1620, Samuel de Champlain ocupa más una función de administrador colonial que de explorador. En 1627, el cardenal Richelieu crea la Compañía de los Cien Asociados con el objetivo de poblar Quebec con franceses católicos, de defender el territorio y de evangelizar a las poblaciones locales.

- En 1629, Quebec cae en manos de los ingleses, pero en 1632, se restituye la colonia a Francia gracias al Tratado de Saint Germain-en-Laye.

- Samuel de Champlain fallece en Quebec el 25 de diciembre de 1635. Cuando muere, la colonia apenas cuenta con 150 personas, mientras que en la actual provincia de Quebec viven más de 7 millones.

- El explorador pasará a la posteridad como el padre de Nueva Francia.

*¡Tu opinión nos interesa!*
*¡Deja un comentario en la página web de tu librería en línea,*
*y comparte tus favoritos en las redes sociales!*

# PARA IR MÁS ALLÁ

## FUENTES BIBLIOGRÁFICAS


- Larousse, "Samuel de Champlain". Consultado el 1 de julio de 2017. http://www.larousse.fr/encyclo-pedie/personnage/ Samuel_de_Champlain/112648

- Deschênes, Gaston. 2008. "Samuel de Champlain, le fondateur de Québec". *Histoire Québec*, vol. 14, n.° 1, 15-16.

- Le Nouveau Monde: les grands personnages, "Samuel de Champlain", 2015. Consultado el 1 de julio de 2017. http://medarus.org/NM/NMPersonnages/NM_10_05_Biog_Others/nm_10_05_samuel_champlain.htm

- Liebel, Jean. 1978. "On a vieilli Champlain". *Revue d'histoire de l'Amérique française*, vol. 32, n.° 2, 229-237.

- Litalien, Raymonde y Denis Vaugeois. 2004. *Champlain. La naissance de l'Amérique française*. Quebec: Éditions du Septentrion.

- Rathé, Alain. 2006. "Samuel de Champlain (1570-1635): compagnon des Amériques". *Québec français*, n.° 142, 35-38.

- Roquebrune, Robert. 2013. "La Rocque de Roberval, Jean-François de". *Dictionnaire biogra-*

*phique du Canada*, vol. 1. Laval/Toronto: Université Laval/University of Toronto. Consultado el 1 de julio de 2017. http://www.biographi.ca/fr/bio/la_rocque_de_roberval_jean_francois_de_1F.html

- Trudel, Marcel. 2003. "Champlain, Samuel de". *Dictionnaire biographique du Canada*, vol. 1. Unviersité Laval/University of Toronto. Consultado el 1 de julio de 2017. http://www.biographi.ca/fr/bio/champlain_samuel_de_1F.html


## FUENTES COMPLEMENTARIAS


- Hackett Fisher, David. 2008. *Le rêve de Champlain*. Montreal: Boréal.

- Legaré, Francine. 2004. *Samuel de Champlain, père de la Nouvelle-France*. Montreal: XYZ Pub.

- Seguin, Maurice. 2008. *Samuel de Champlain. L'entrepreneur et le rêveur*. Quebec: Éditions du Septentrion, 2008.


## FUENTES ICONOGRÁFICAS

- Retrato de Samuel de Champlain. La imagen reproducida está libre de derechos.

- Pintura que ilustra la construcción de la «habitación» de Quebec, del autor Charles William Jefferys. La imagen reproducida está libre de derechos.

- Pintura que muestra la llegada de Champlain a Canadá. La imagen reproducida está libre de derechos.

- Grabado que muestra la derrota de los iroqueses en el lago Champlain en 1609. La imagen reproducida está libre de derechos.

- Estatua de Samuel de Champlain en Quebec. La imagen reproducida está libre de derechos.

## LITERATURA

- Larocque, Jean-Claude y Denis Sauvé. 2010. *Étienne Brûlé. Le Fils de Champlain*, tomo 1. Ottawa: Éditions David, colección *14/18*.

- Larocque, Jean-Claude y Denis Sauvé. 2010. *Étienne Brûlé. Le Fils des Hurons*, tomo 2. Ottawa: Éditions David, colección *14/18*.

- Larocque, Jean-Claude y Denis Sauvé. 2010. *Étienne Brûlé. Le Fils sacrifié*, tomo 3. Ottawa: Éditions David, colección *14/18*.

## DOCUMENTALES

- *Samuel de Champlain: Québec 1603*. Dirigido por Denys Arcand. Canadá: Productions de l'Office national du film du Canada, 1964.

- *Dreams of a Land*. Dirigido por Robert Doucet. Canadá: Productions de l'Office national du film du Canada, 1987.

50MINUTOS.es
Historia
Economía y empresa
Coaching
Book Review
Salud y bienestar
Arte y literatura
EL DIAGRAMA DE ISHIKAWA
LA GUERRA DE PALESTINA DE 1948
DOMINA EL ARTE DEL NETWORKING
¡APRENDER NUNCA ANTES FUE TAN RÁPIDO!
www.50minutos.es

ISBN ebook: 9782806297457

ISBN papel: 9782806297464

Depósito legal: D/2017/12603/273

*Libro realizado por Primento, el socio digital de los editores*